KIDS PROGRAMMING 4

Written by:
Kensho Koyama &
Mindaugas Ramanauskis

CHESTNUT TREE
LEARNING©

Written by: Kensho Koyama & Mindaugas Ramanauskis

INDEX

ATTENTION!!

Before using this textbook, please access all lesson materials using the link below

- Unit 1-10 Warm-ups
- Student lesson projects
- Teacher lesson projects (completed)

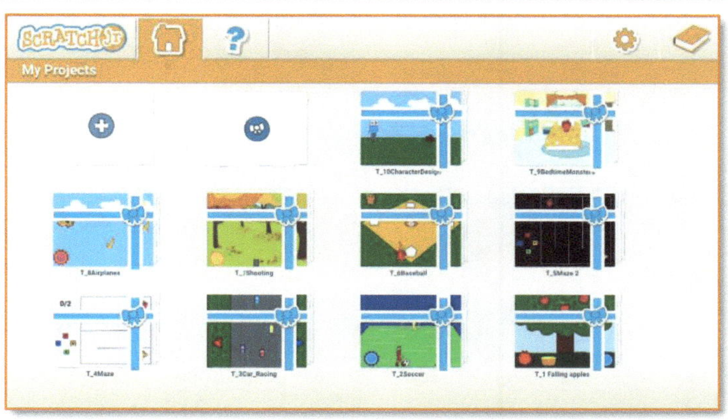

UNIT 1: Falling Apples

1.

apple

2.

tree

3.

game over

Falling apples Chant

Catch the **apple**, **falling** from the **tree**,

Catch the apples, 1, 2, 3,

Get the apples, **falling** from the **tree**,

Or it's **game over**.

WORDBANK	
apple	catch
tree	falling
game over	get

UNIT 1: Falling Apples

1.

Yes I did it!

2.

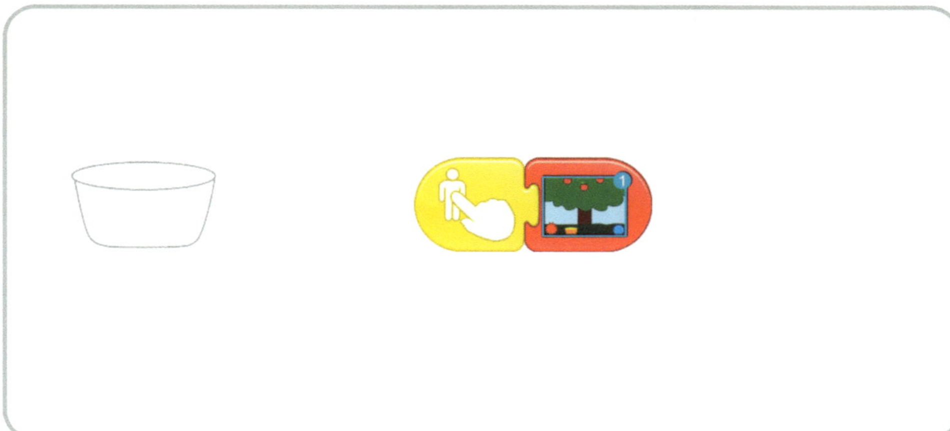

Yes I did it!

3.

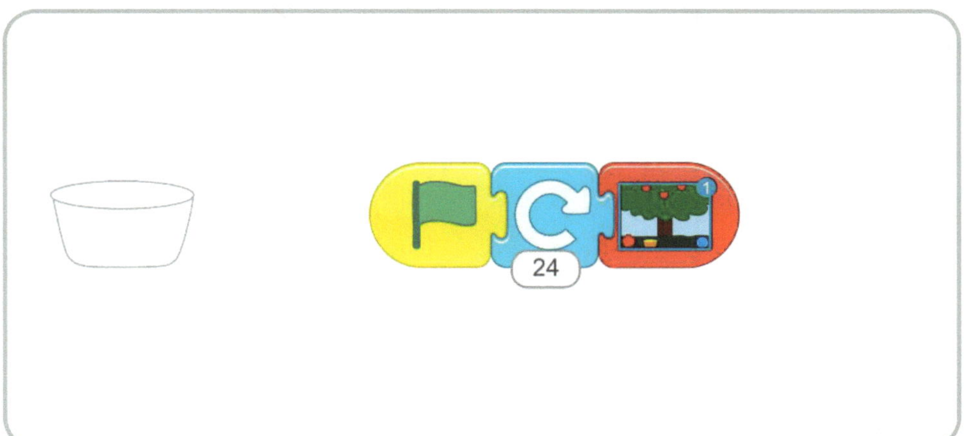

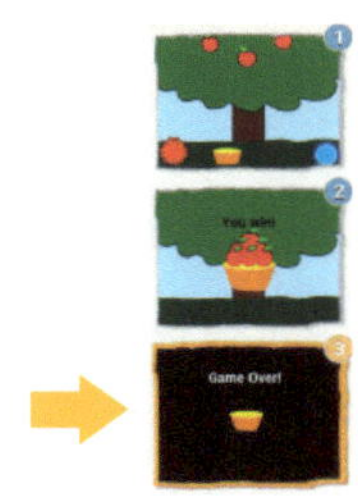

Yes I did it!

Extra Programming

Yes I did it!

UNIT 1: Falling Apples

Connect:

7

10

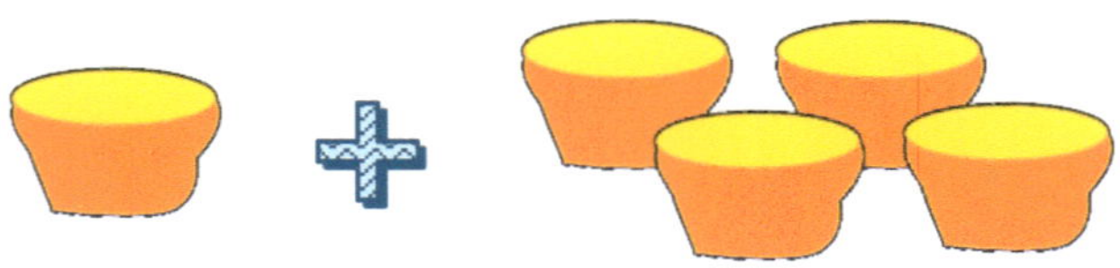

5

Count and Color:

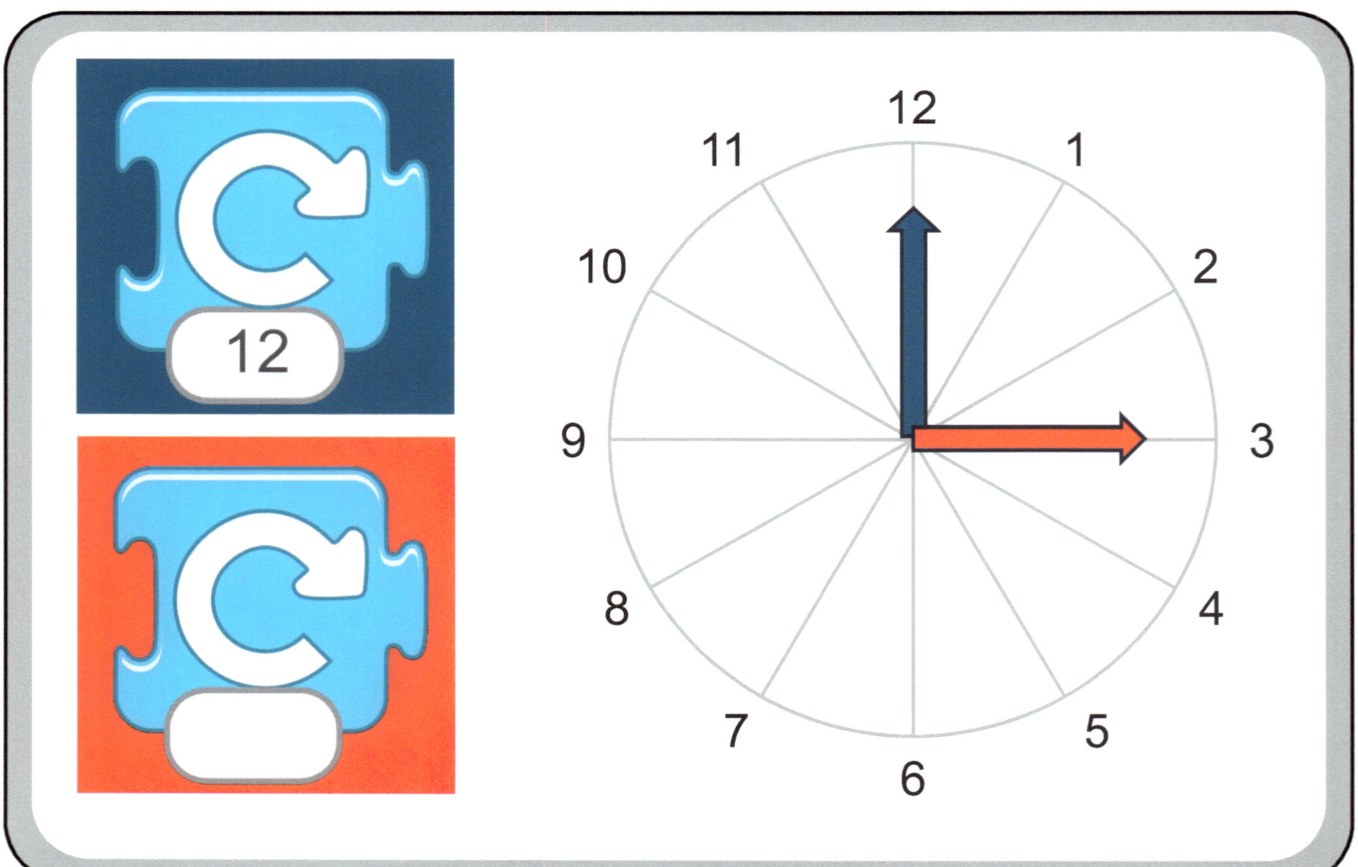

UNIT 1: Falling Apples

Find:  

O	O	O	O	O	O
x = 1	2	3	4	5	6

O	O	O	O	O	O
x = 1	2	3	4	5	6

O	O	O	O	O	O
x = 1	2	3	4	5	6

Color by number:

1 blue
2 green
3 red
4 brown
5 orange

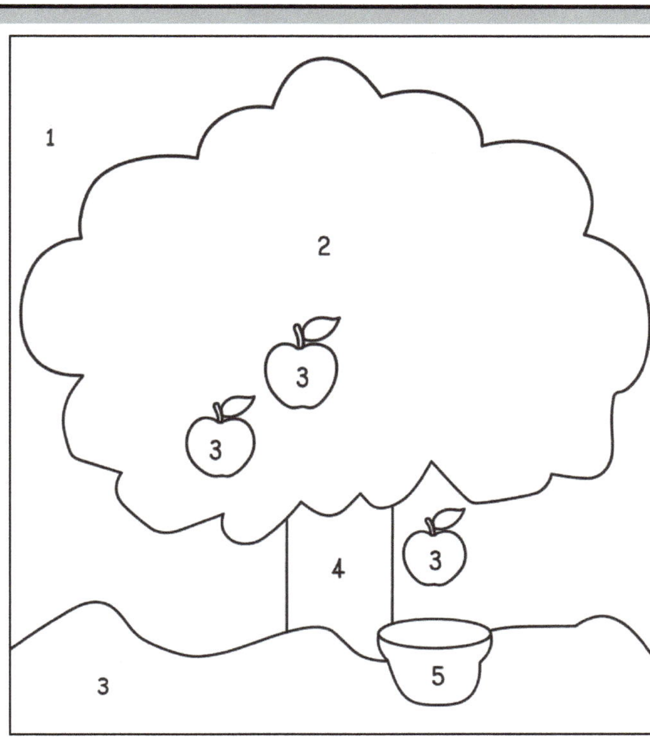

UNIT 2: Soccer

1.

team

2.

goalkeeper

3.

striker

Soccer Chant

Team, **kick**, the soccer ball, **kick** (3x)

run, run, to the soccer ball, run (3x)

striker, **shoot**, **shoot**, the soccer ball,

nice **save, goalkeeper**!

WORDBANK	
team	pass
goalkeeper	save
striker	shoot

UNIT 2: Soccer

1.

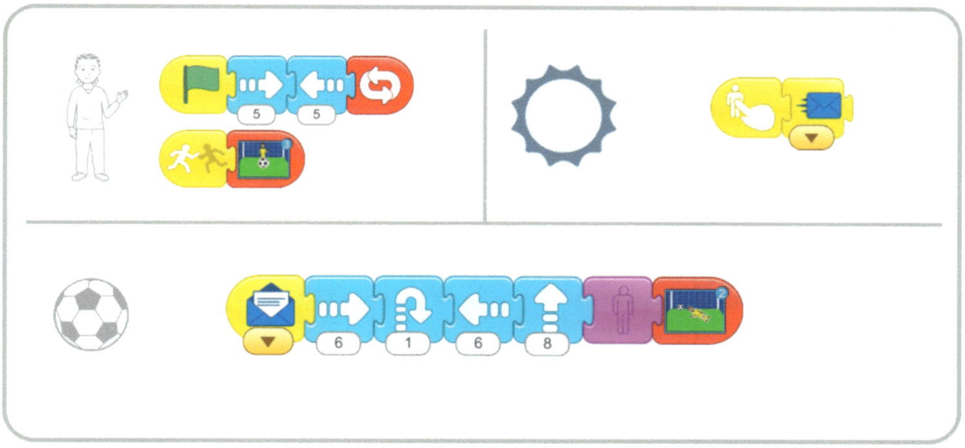

Yes I did it!

2.

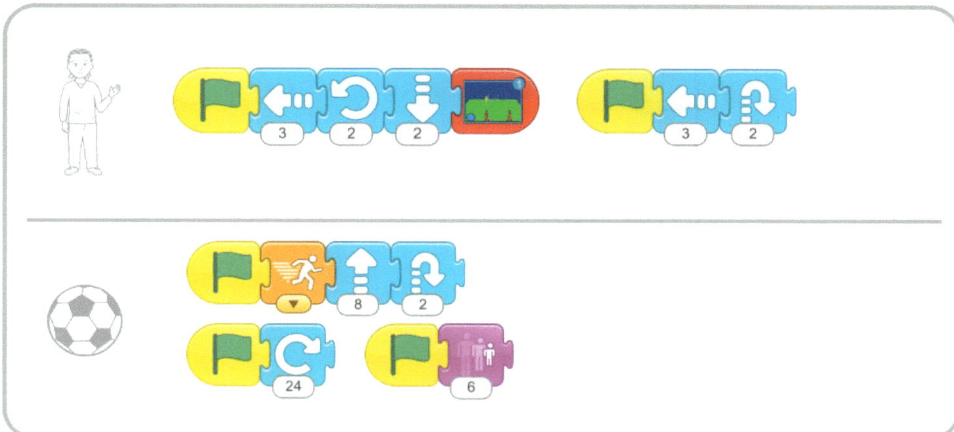

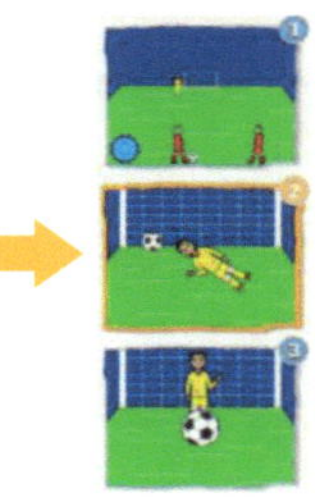

Yes I did it!

3.

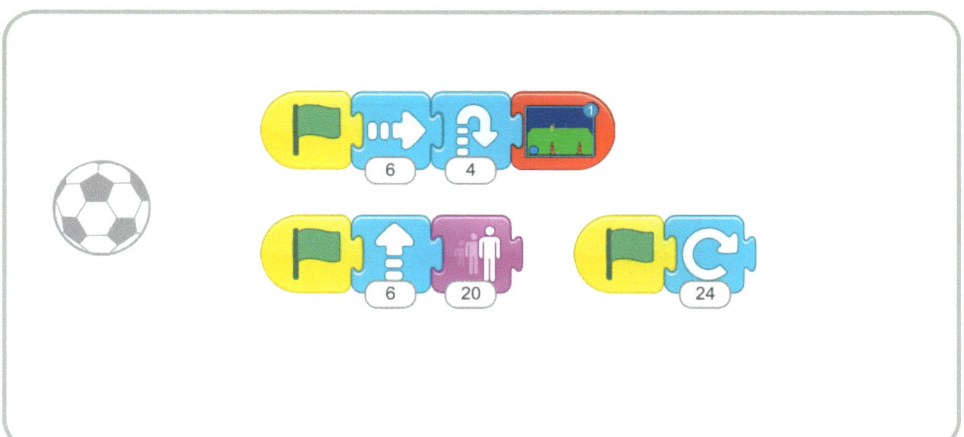

Yes I did it!

Extra Programming

Yes I did it!

UNIT 2: Soccer

Find: 

6	O
5	O
4	O
3	O
2	O
1	O

y =

6	O
5	O
4	O
3	O
2	O
1	O

y =

6	O
5	O
4	O
3	O
2	O
1	O

y =

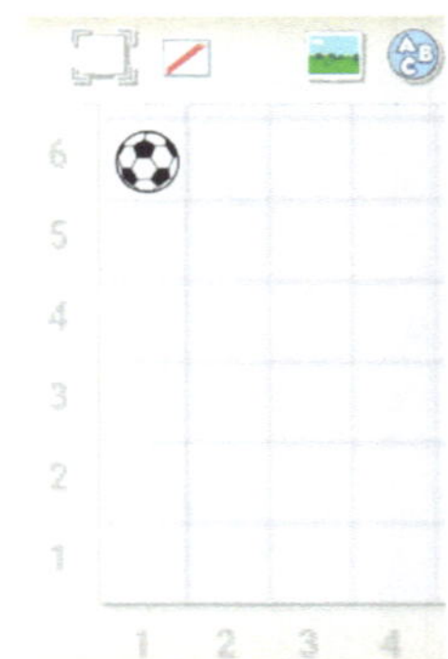

Color the code: 

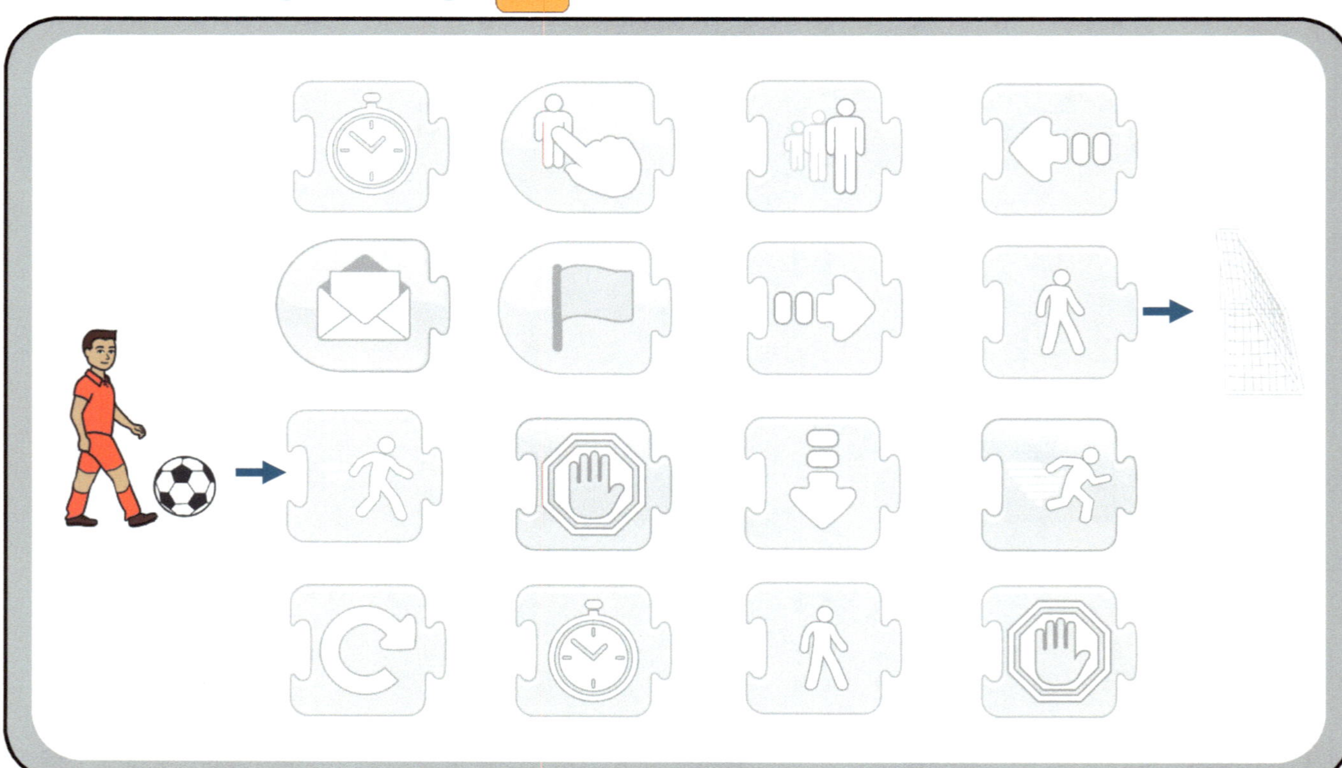

UNIT 2: Soccer

Connect:

12

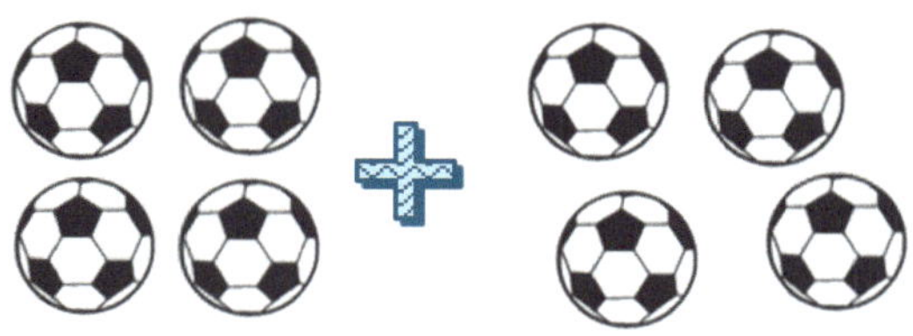

6

8

Count and Color:

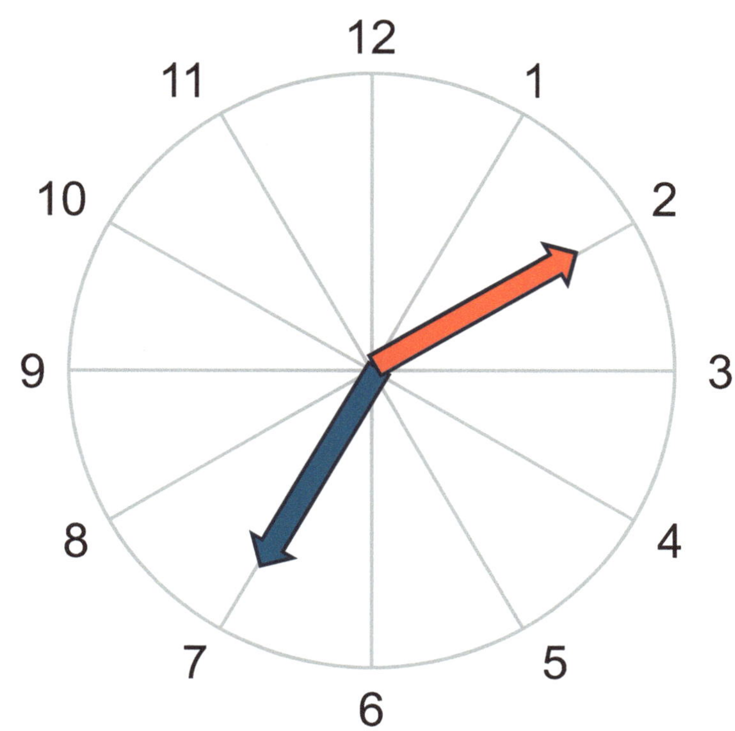

UNIT 3: Car Race

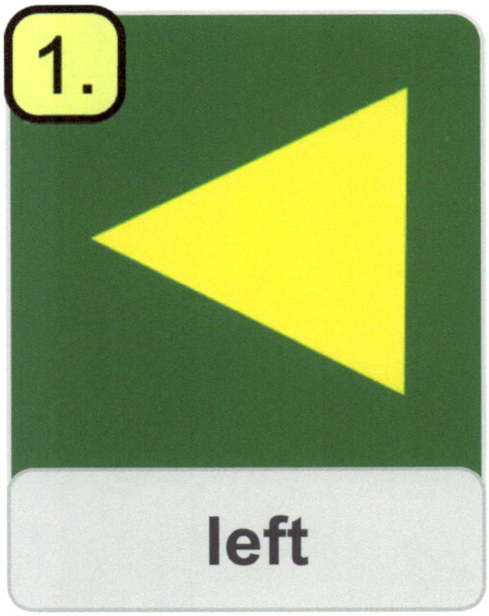

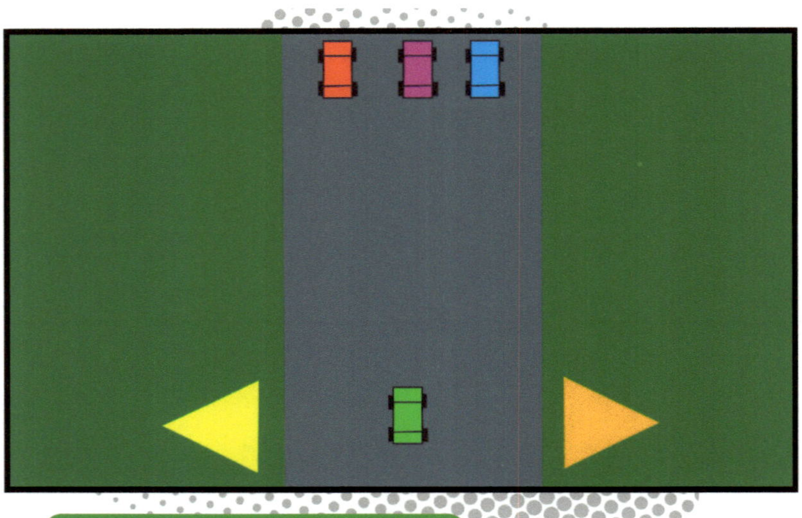

Car Race Chant

Cars drive fast, on the **road**, cross the finish line, ready set go!
Turn right, **turn left**, **watch out**, don't **crash**!

WORDBANK	
cars	turn left
road	turn right
crash	watch out

UNIT 3: Car Race

1.

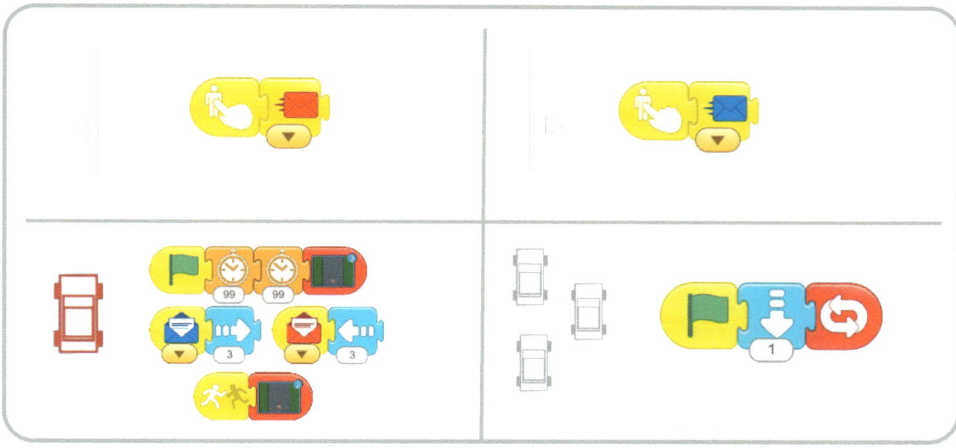

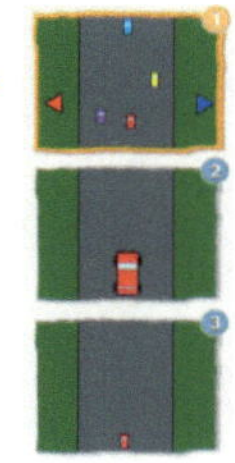

Yes I did it!

2.

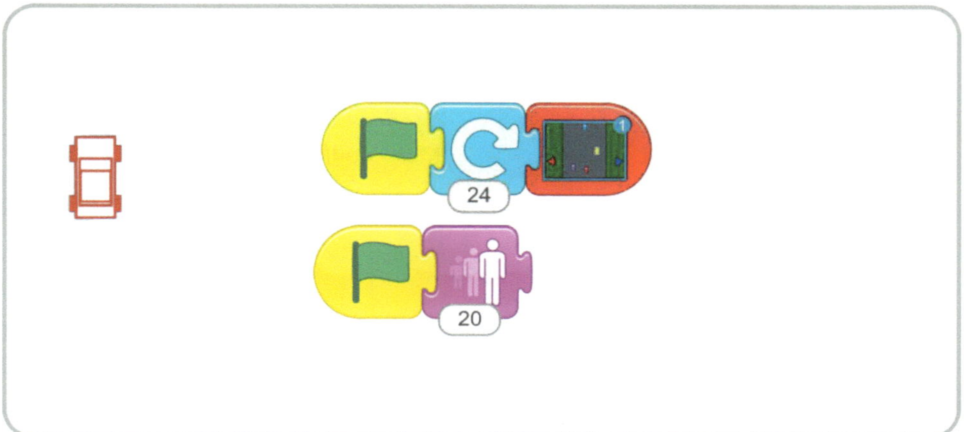

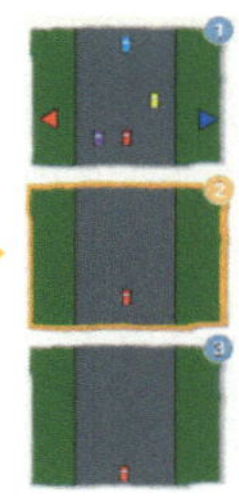

Yes I did it!

3.

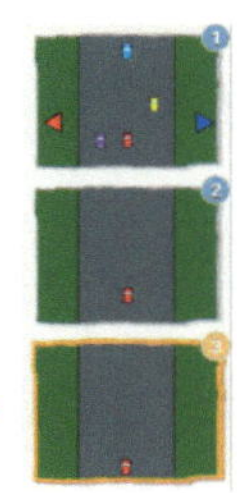

Yes I did it!

Extra Programming

Yes I did it!

UNIT 3: Car Race

Connect:

9

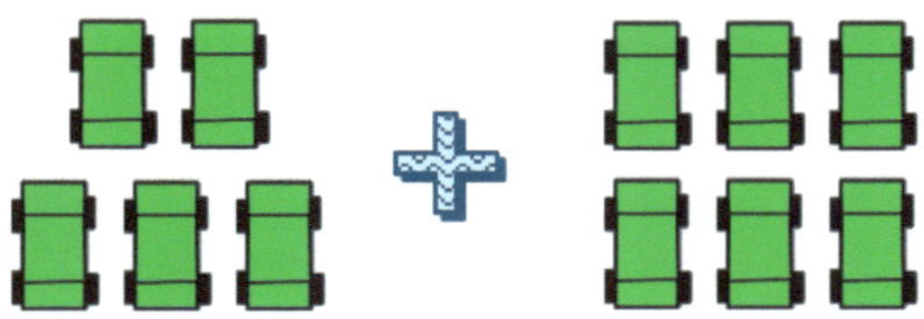

4

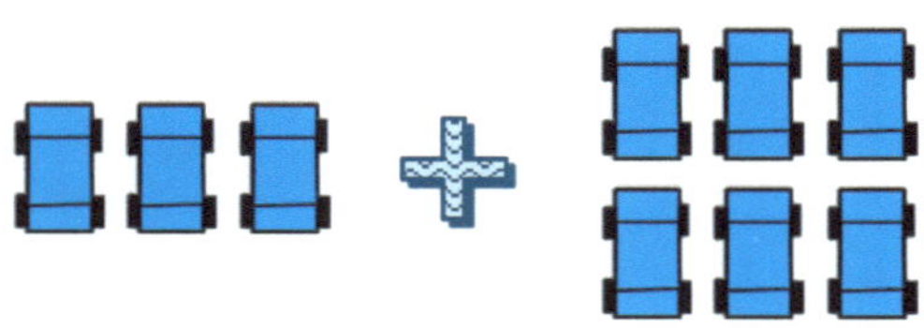

11

Code search:

UNIT 3: Car Race

Find:

y	
6	O
5	O
4	O
3	O
2	O
1	O

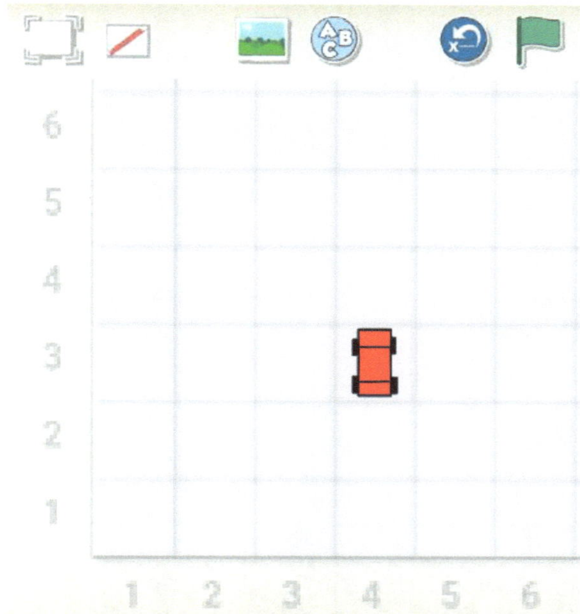

y =

x =	1	2	3	4	5	6
	O	O	O	O	O	O

Color the code:

UNIT 4: Maze

1.

maze

2.

controls

3.

fly

Maze Chant

Tip toe, tip toe, please be careful,
look around the corner, **explore** the **maze,**
use the **controls**, don't touch the walls,
Look! Watch out! **avoid** the **fly**

WORDBANK	
maze	explore
controls	use
fly	avoid

UNIT 4: Maze

1.

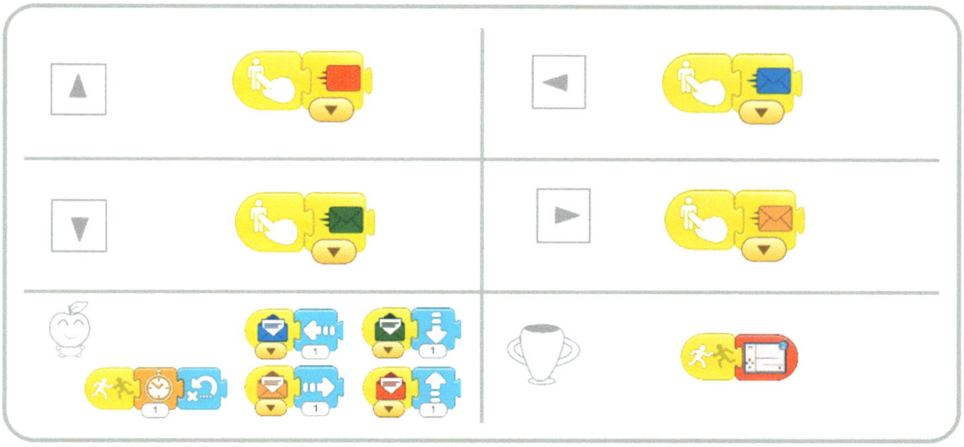

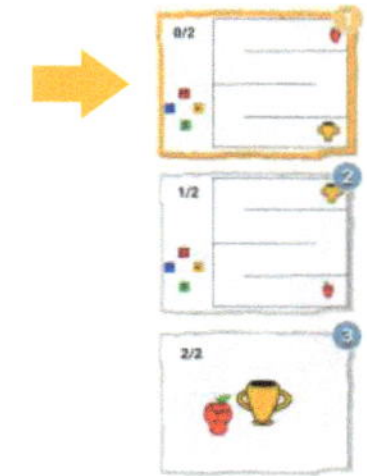

Yes I did it!

2.

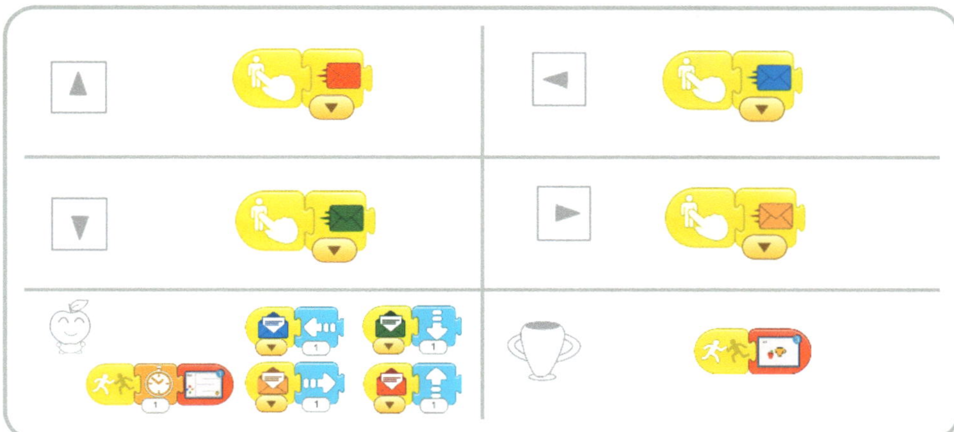

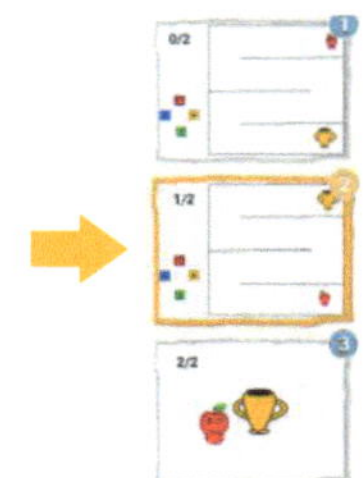

Yes I did it!

3.

Yes I did it!

Extra Programming

Yes I did it!

UNIT 4: Maze

Connect:

13

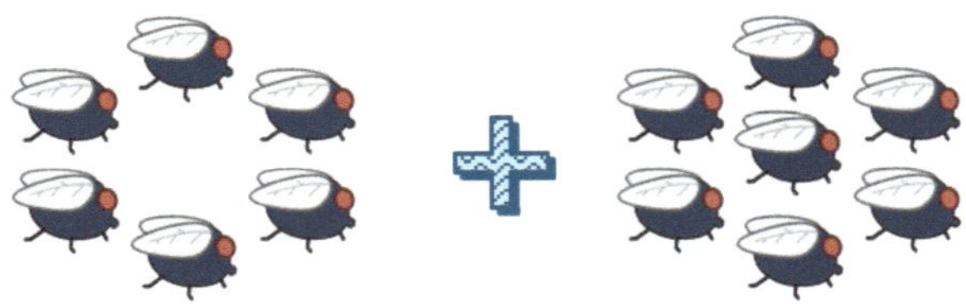

6

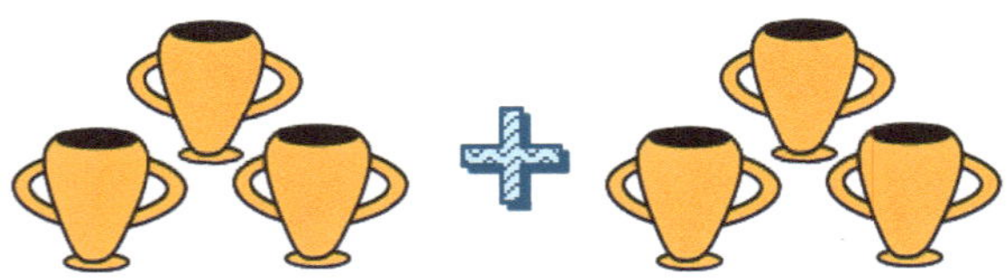

10

Count and Color:

UNIT 4: Maze

Find: 

y	
6	O
5	O
4	O
3	O
2	O
1	O

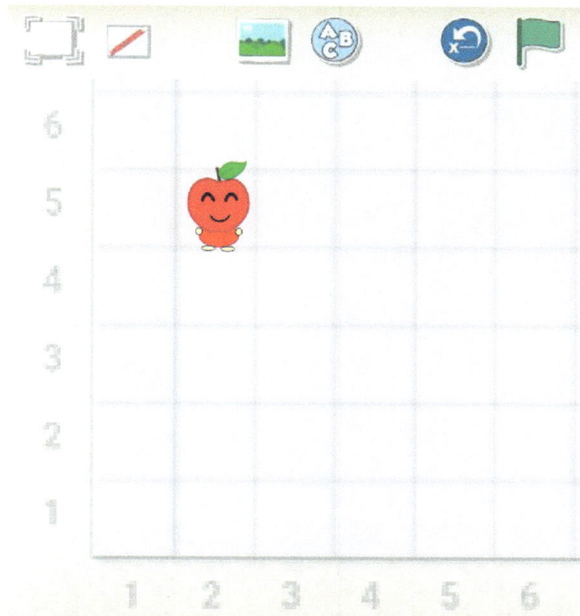

 y =

	O	O	O	O	O	O
 x =	1	2	3	4	5	6

Color:

UNIT 5: Maze 2

1.

walls

2.

fire

3.

snake

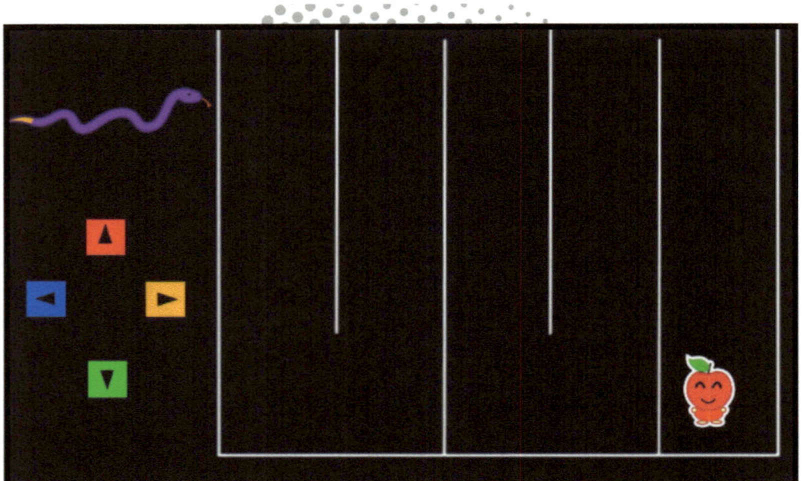

Maze 2 Chant

Tip toe, tip toe, please be careful,

don't **touch** the **walls**, use the controls,

run through the **fire**, **avoid** the **snake**,

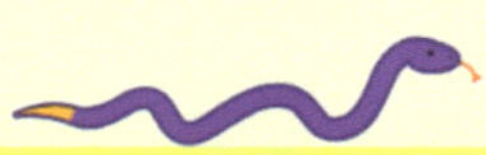

Can you explore the maze?

WORDBANK	
walls	touch
fire	run
snake	avoid

UNIT 5: Maze 2

1.

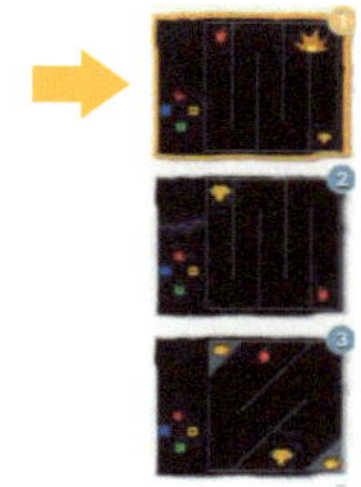

Yes I did it!

2.

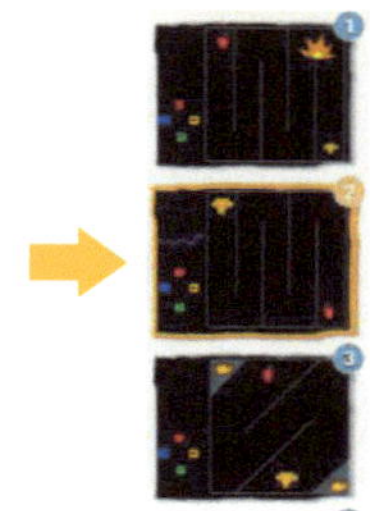

Yes I did it!

3.

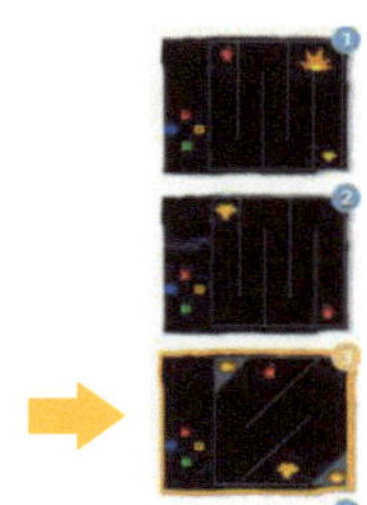

Yes I did it!

Extra Programming

Yes I did it!

UNIT 5: Maze 2

Connect:

7

14

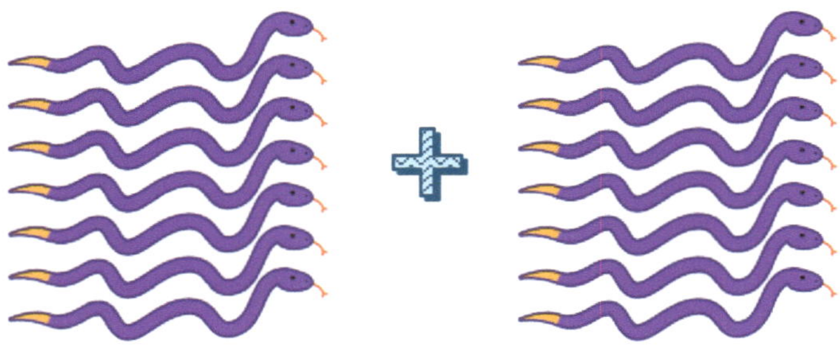

5

Count and Color:

UNIT 5: Maze 2

Find:

6	O
5	O
4	O
3	O
2	O
1	O

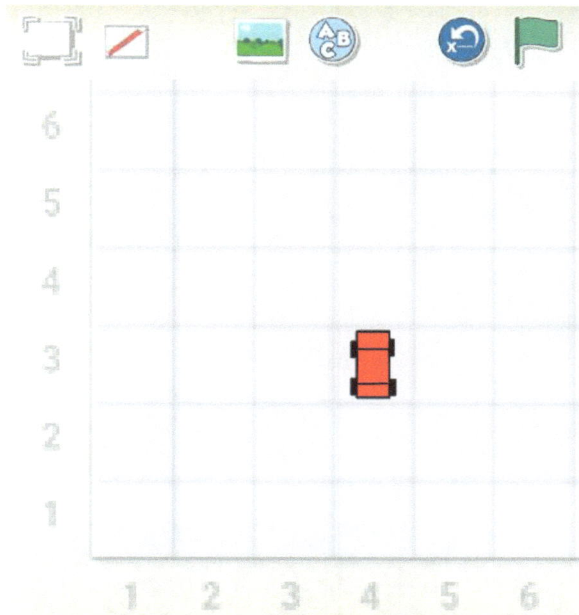

y =

O	O	O	O	O	O
1	2	3	4	5	6

x =

Color:

UNIT 6: Baseball

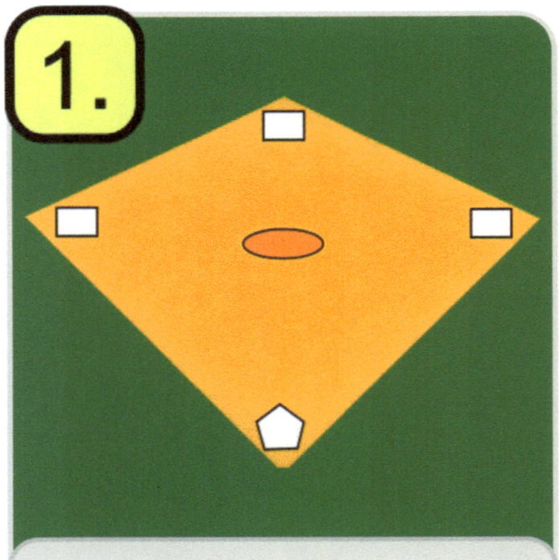

diamond

base

homerun

Baseball Chant

Oh, oh, the **baseball** game,
the **diamond** is where we **play**,
Swing the baseball bat, run to **touch** the **base**,
get a **homerun**, and win the baseball game!

WORDBANK	
diamond	play
base	touch
homerun	get

UNIT 6: Baseball

1.

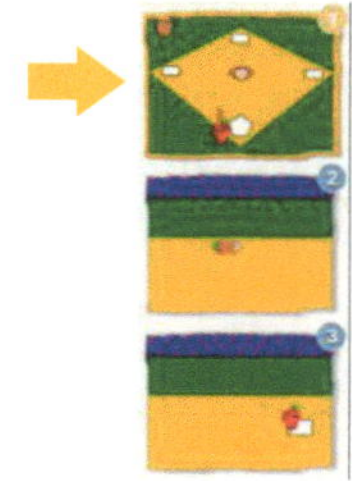

Yes I did it!

2.

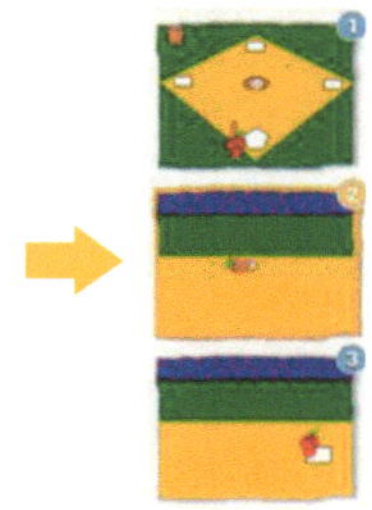

Yes I did it!

3.

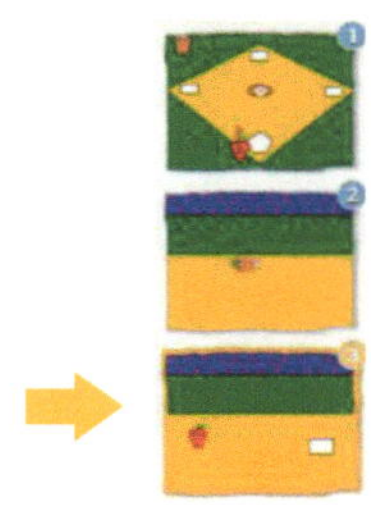

Yes I did it!

Extra Programming

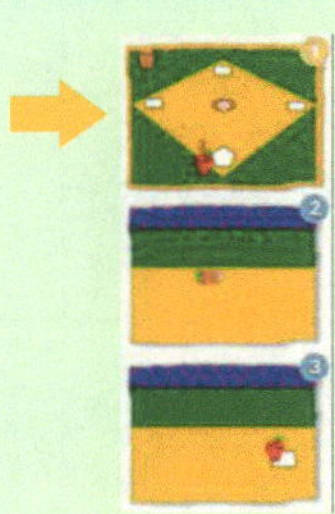

Yes I did it!

UNIT 6: Baseball

Connect:

4

8

11

Code search:

UNIT 6: Baseball

Find:

y	
6	O
5	O
4	O
3	O
2	O
1	O

y =

x =	1	2	3	4	5	6
	O	O	O	O	O	O

Match and Color:

UNIT 7: Shooting

1.

gun

2.

bird

3.

points

Shooting Chant

On your mark, get ready, aim, shoot!

shooting, **shooting**, **shooting**,

shooting my **gun**(2x),

hit the **bird**, get the **points**

WORDBANK	
gun	shooting
bird	hit
points	get

UNIT 7: Shooting

1.

Yes I did it!

2.

Yes I did it!

3.

Yes I did it!

Extra Programming

Yes I did it!

UNIT 7: Shooting

Connect:

8

16

12

Find and Color:

UNIT 7: Shooting

Find:

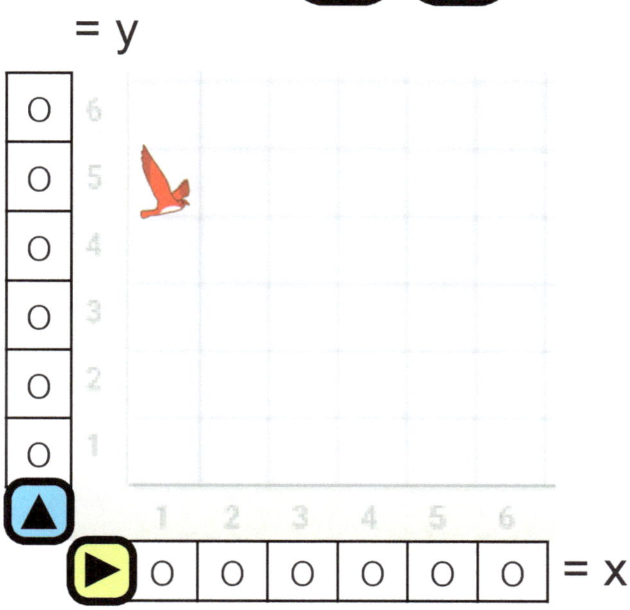

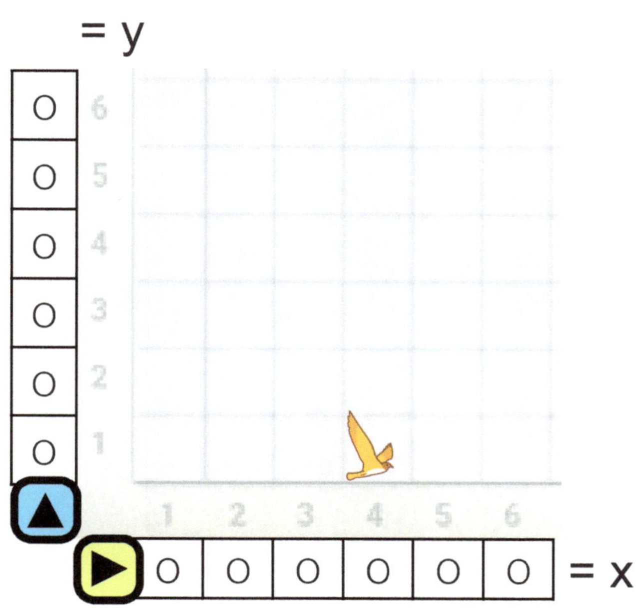

Match and Color:

UNIT 8: Airplanes

Airplanes Chant

Fly in the sky, in my **airplane**,
up in the **clouds**, in my **airplane**,
See the **birds** in my **airplane**,
watch out for the **birds**, in my **airplane**

WORDBANK	
airplane	fly
clouds	see
birds	watch out

UNIT 8: Airplanes

1.

Yes I did it!

2.

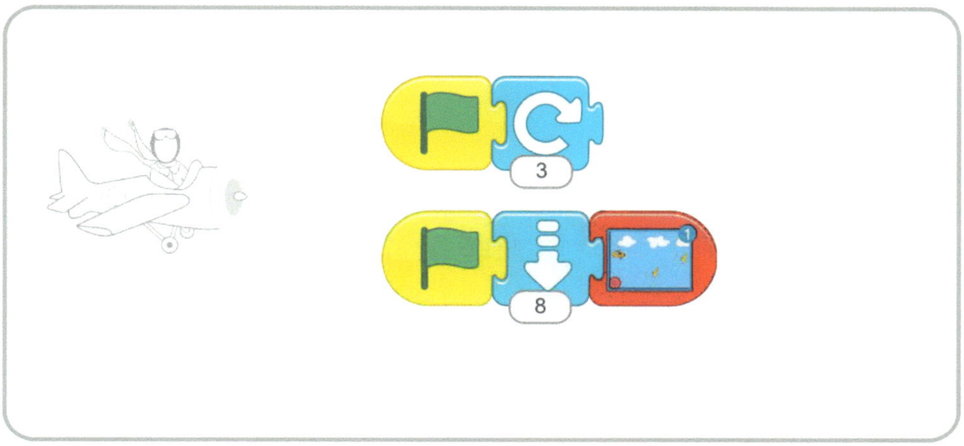

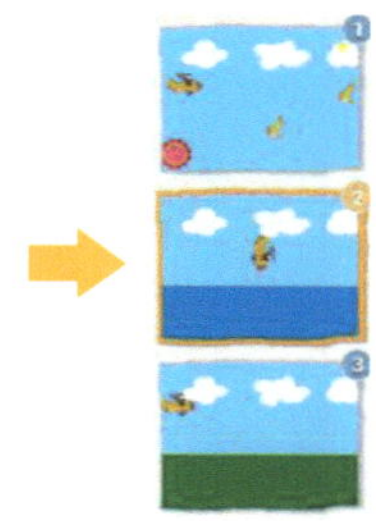

Yes I did it!

3.

Yes I did it!

Extra Programming

Yes I did it!

UNIT 8: Airplanes

Connect:

9

15

6

Code search:

UNIT 8: Airplanes

Find:

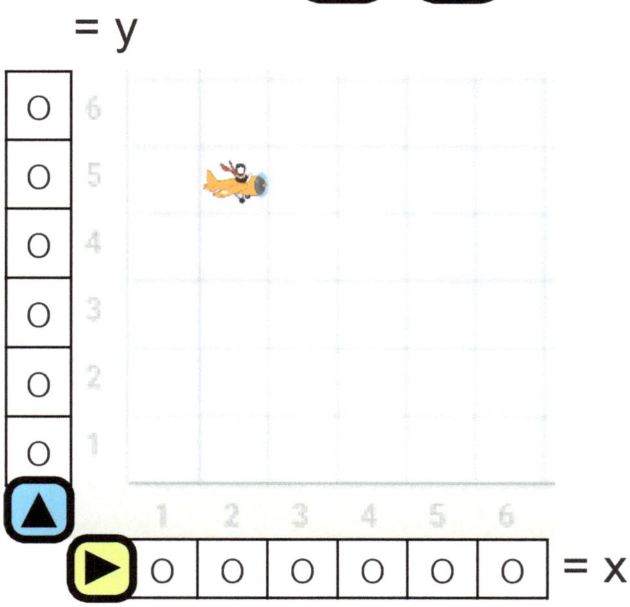

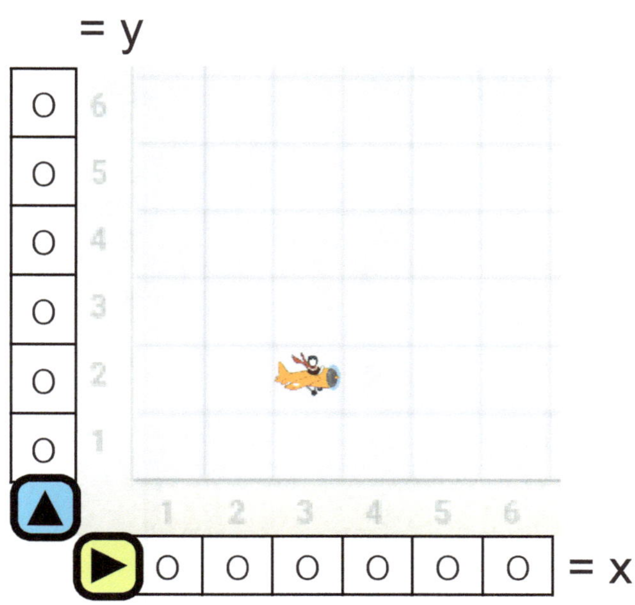

Color:

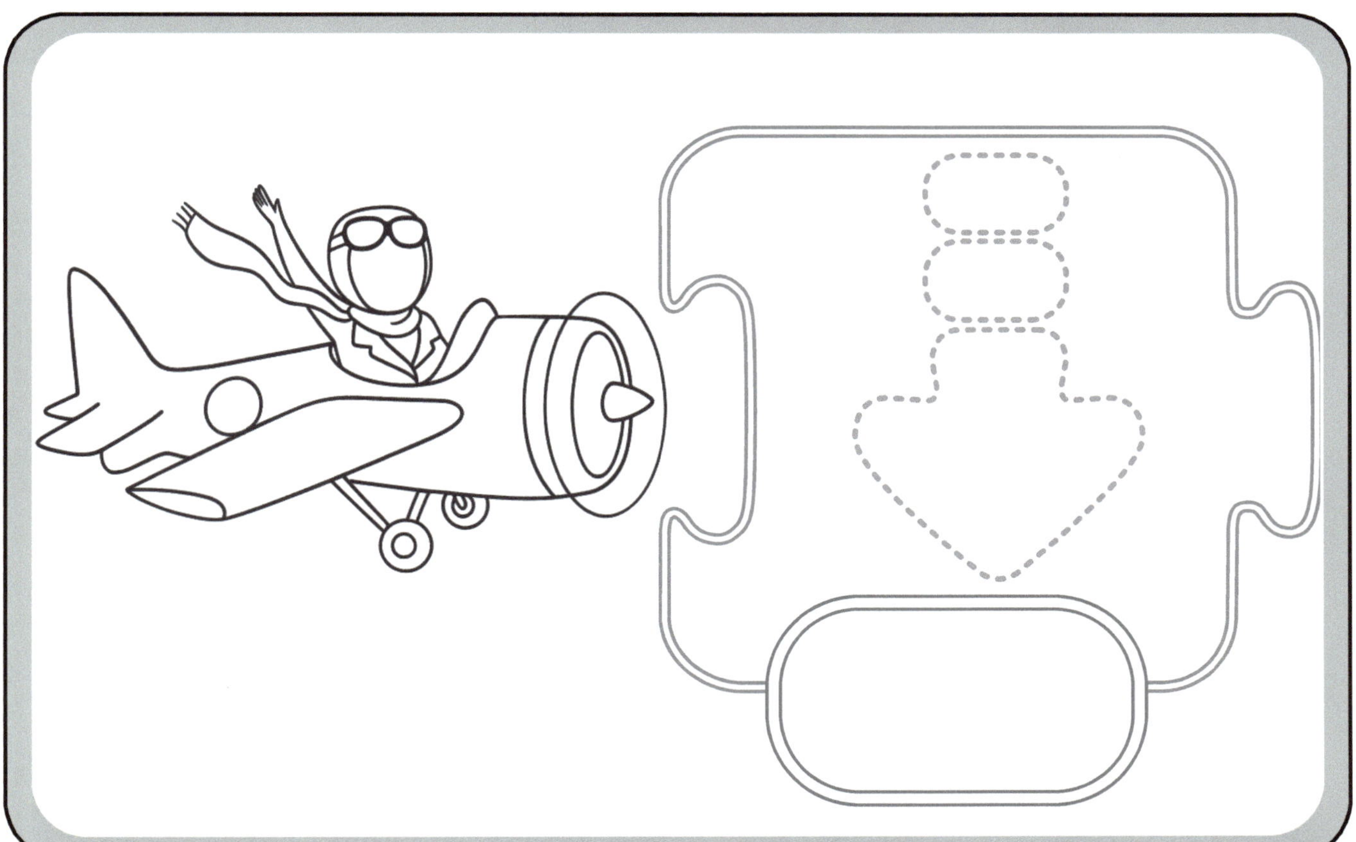

UNIT 9: Bedtime Monsters

1.

light

2.

nighttime

3.

monster

Bedtime Monsters Chant

It's **nighttime**, in the **dark**,

the **light** is **off**, there is a **monster**,

It's getting bigger (x3), oh its too **big**!

Hello, is everything ok in here?

WORDBANK	
light	off
nighttime	dark
monster	big

UNIT 9: Bedtime Monsters

1.

Yes I did it!

2.

Yes I did it!

3.

Yes I did it!

Extra Programming

Yes I did it!

UNIT 9: Bedtime Monsters

Connect:

13

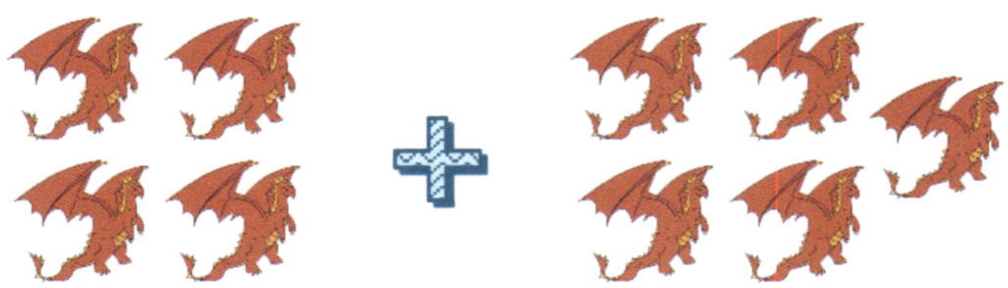

5

9

Find and Color:

UNIT 9: Bedtime Monsters

Find:

= y

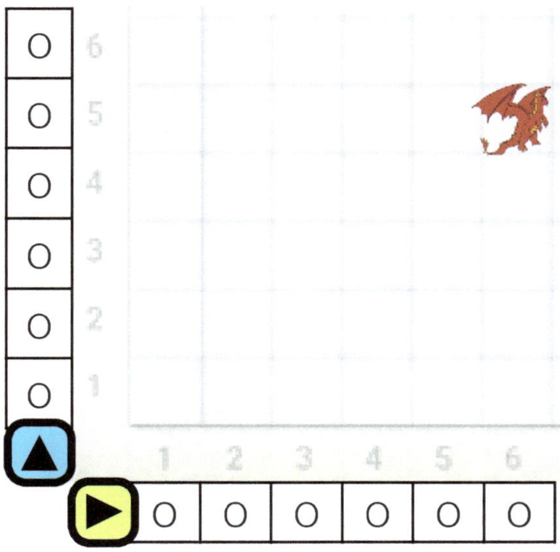

= x

= y

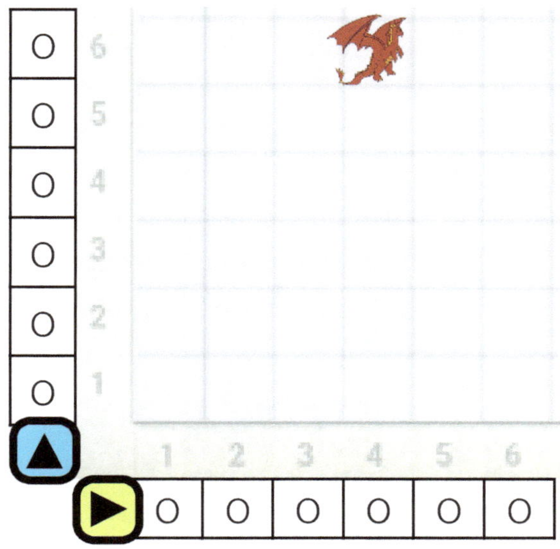

= x

Design a Monster:

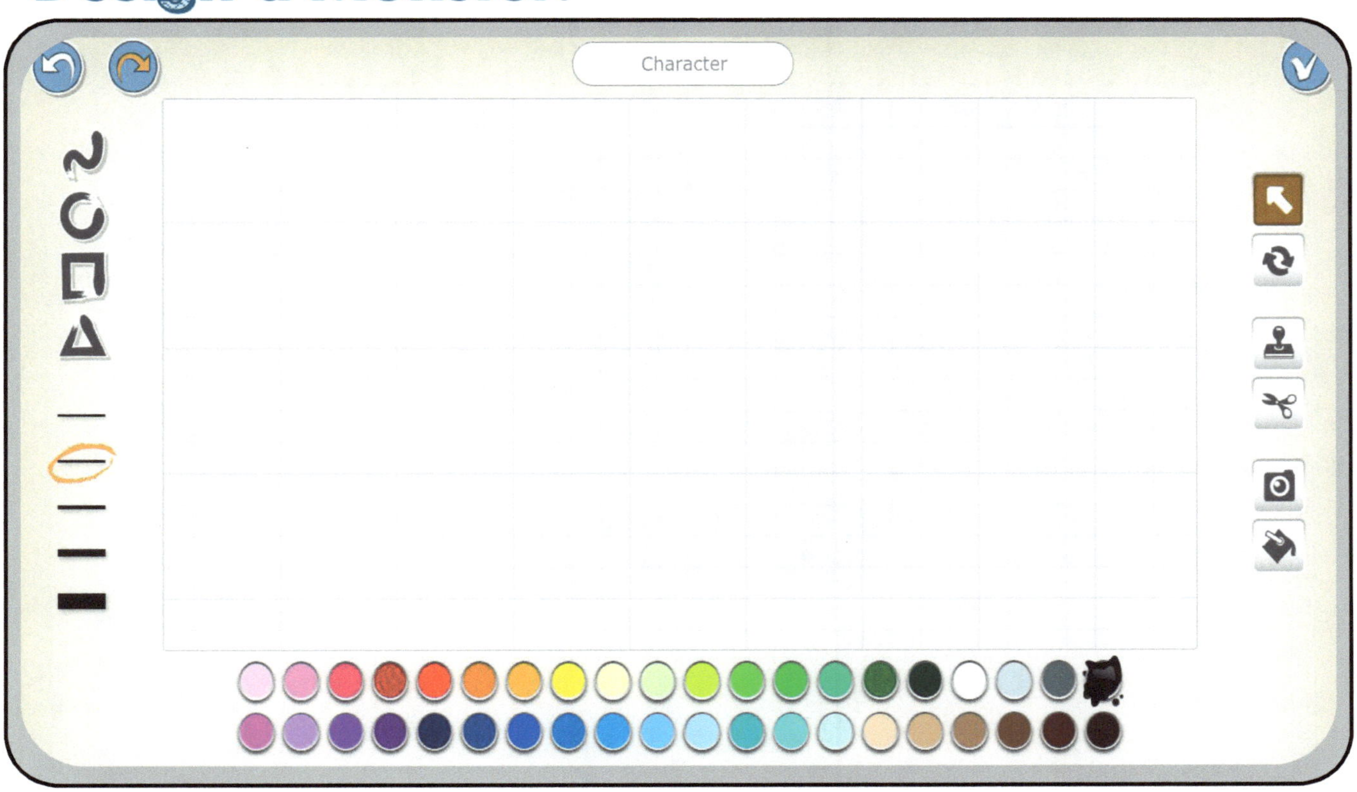

UNIT 10: Character Design

1.

shapes

2.
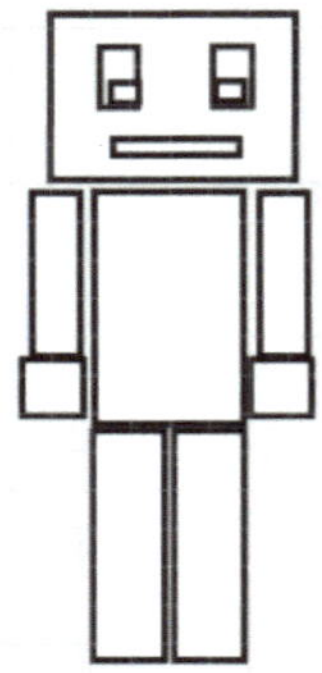
player

3.

sprite

Character Design Chant

Select your **shapes**,
make your **player**,
draw a **sprite**, run and **jump**,
run, run, run, **jump, jump, jump** (3x)

Can you design your character?

WORDBANK
shapes
player
sprite

select
make
jump

Yes I can!

UNIT 10: Character Design

1.

Yes I did it!

2.

Yes I did it!

3.

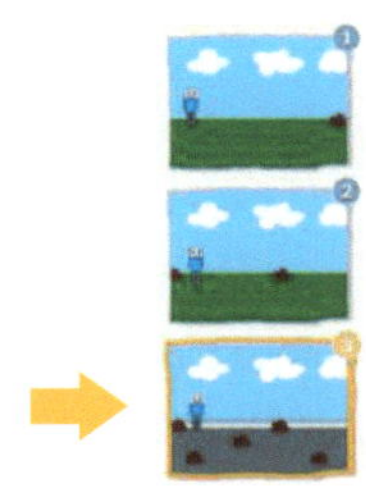

Yes I did it!

Extra Programming

Yes I did it!

UNIT 10: Character Design

Connect:

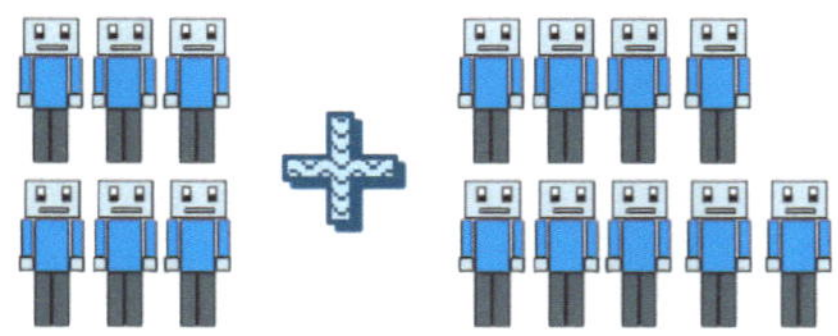

15

7

10

Find:

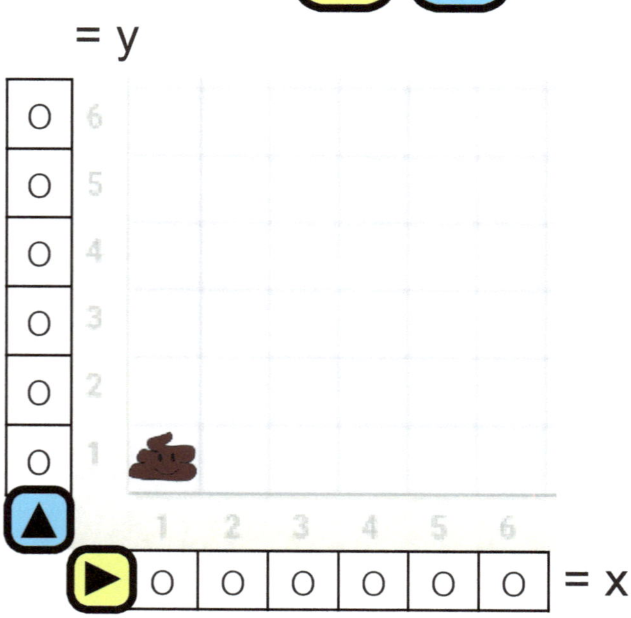

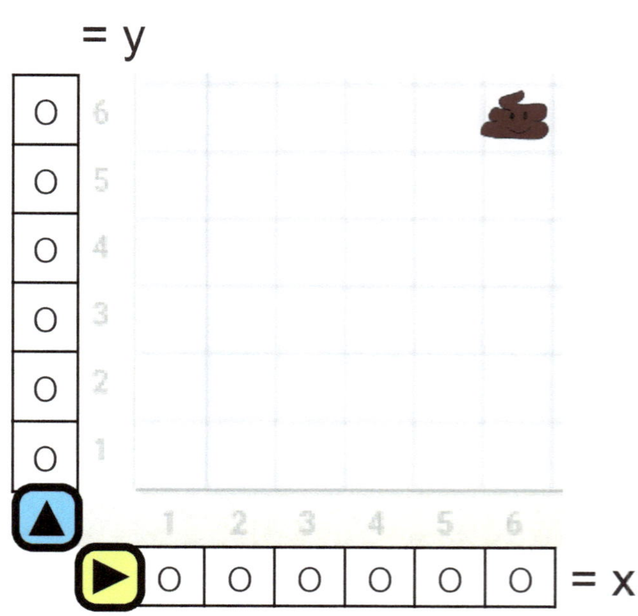

UNIT 10: Character Design

Design a Character: 

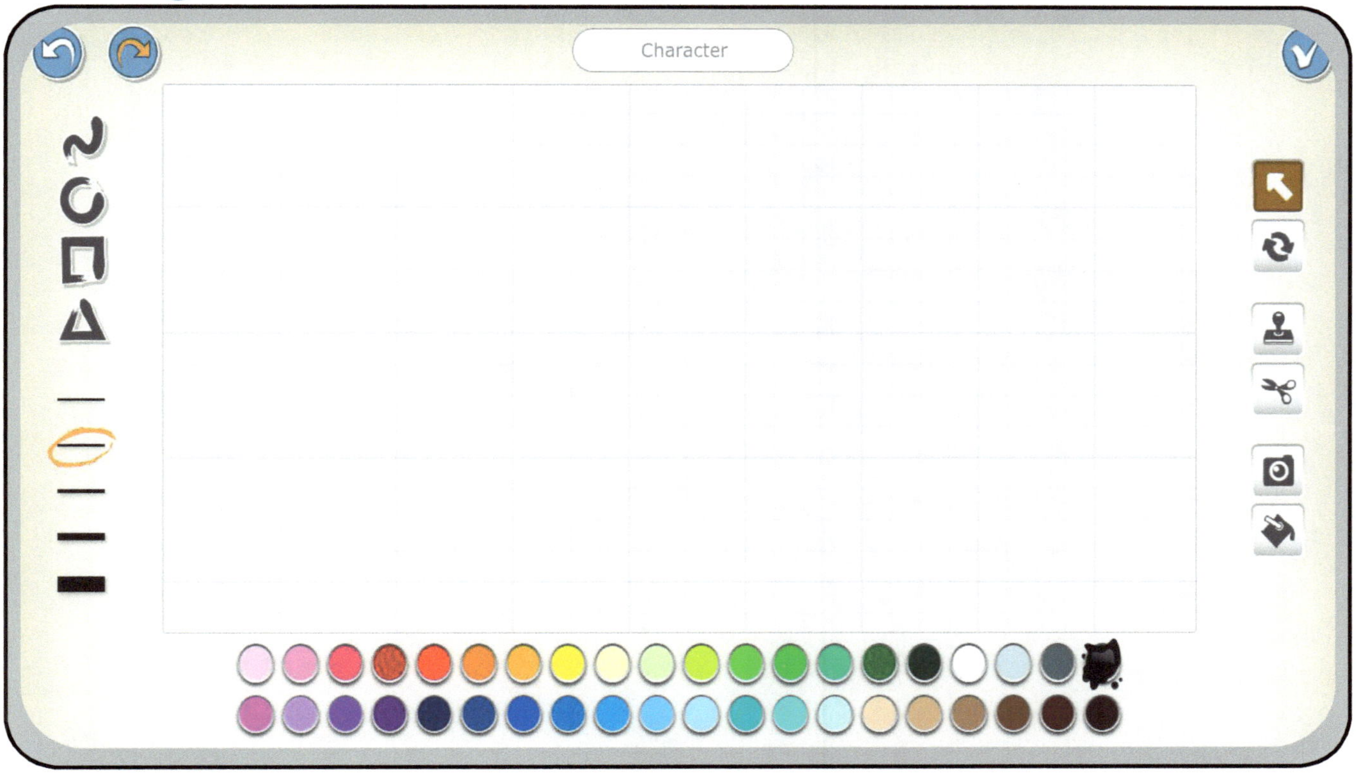

Design a Background: 

Start on green flag

Start on tap

Start on bump

Start on message

Send a message

Move forward

Move back

Move up

Move down

Turn right

Turn left

End

Repeat forever

Go to page

Hop

Go home

Say

Grow

Shrink

Reset size

Hide

Show

Play

Wait

Stop

Set speed

repeat

CHESTNUT TREE
LEARNING©

Written by: Kensho Koyama & Mindaugas Ramanauskis

www.ingramcontent.com/pod-product-compliance
Lightning Source LLC
Chambersburg PA
CBHW041324210926
51847CB00003B/46
9784991443138